Œdipe Roi

Ajax, vers 450 av. J.-C.
Antigone, vers 442 av. J.-C., Librio n° 692
Œdipe Roi, vers 430 av. J.-C.
Électre, vers 425 av. J.-C.
Les Trachiniennes, vers 415 av. J.-C.
Philoctète, vers 409 av. J.-C.
Œdipe à Colone, vers 401 av. J.-C.

Sophocle

Œdipe Roi

Texte établi et traduit par A. Dain et P. Mazon

Librio

Texte intégral

Devant le palais d'Œdipe. Un groupe d'enfants est accroupi sur les degrés du seuil. Chacun d'eux a en main un rameau d'olivier. Debout, au milieu d'eux, est le prêtre de Zeus.

ŒDIPE

Enfants, jeune lignée de notre vieux Cadmos, que faites-vous là ainsi à genoux, pieusement parés de rameaux suppliants ? La ville est pleine tout ensemble et de vapeurs d'encens et de péans mêlés de plaintes. Je n'ai pas cru dès lors pouvoir laisser à d'autres le soin d'entendre votre appel, je suis venu à vous moi-même, mes enfants, moi, Œdipe – Œdipe au nom que nul n'ignore. Allons ! vieillard, explique-toi : tu es tout désigné pour parler en leur nom. À quoi répond votre attitude ? À quelque crainte ou à quelque désir ? Va, sache-le, je suis prêt, si je puis, à vous donner une aide entière. Il faudrait bien que je fusse insensible pour n'être pas pris de pitié à vous voir ainsi à genoux.

LE PRÊTRE

Eh bien ! je parlerai. Ô souverain de mon pays, Œdipe, tu vois l'âge de tous ces suppliants à genoux devant tes autels. Les uns n'ont pas encore la force de voler bien loin, les autres sont accablés par la vieillesse ; je suis, moi, prêtre de Zeus ; ils forment, eux, un choix de jeunes gens. Tout le reste du peuple, pieusement paré, est à genoux, ou sur nos places, ou devant les deux temples consacrés à Pallas, ou encore près de la cendre prophétique d'Isménos. Tu le vois comme nous, Thèbes, prise dans la houle, n'est plus en état de tenir la tête au-dessus du flot meurtrier. La mort la frappe dans les germes où se forment les fruits de son sol, la mort la frappe dans ses troupeaux de bœufs, dans ses femmes, qui n'enfantent plus la vie. Une déesse porte-torche, déesse affreuse entre toutes, la Peste, s'est abattue sur nous, fouaillant notre ville et vidant peu à peu la maison de Cadmos, cependant que le noir Enfer va s'enrichissant de nos plaintes, de nos sanglots. Certes ni moi ni ces enfants, à genoux devant ton foyer, nous ne t'égalons aux dieux ; non, mais nous t'estimons le premier de tous les mortels dans les incidents de notre existence et les conjonctures créées par les dieux. Il t'a suffi d'entrer jadis dans cette ville de Cadmos pour la libérer du tribut qu'elle payait alors à l'horrible Chanteuse. Tu n'avais rien appris pourtant de la bouche d'aucun de nous, tu n'avais reçu aucune leçon : c'est par l'aide d'un dieu – chacun le dit, chacun le pense – que tu as su relever notre fortune. Eh bien ! cette fois encore, puissant Œdipe aimé de tous ici, à tes pieds, nous t'implorons. Découvre pour nous un secours. Que la voix d'un dieu te l'enseigne ou qu'un mortel t'en instruise, n'importe ! Les hommes éprouvés se trouvent être aussi ceux dont je vois les conseils le plus souvent couronnés de succès. Oui, redresse notre ville, ô toi, le meilleur des humains ! Oui, prends garde pour toi-même ! Ce pays aujourd'hui t'appelle son sauveur, pour l'ardeur à le servir que tu lui montras naguère : ne va pas maintenant lui laisser de ton règne ce triste souvenir qu'après notre relèvement il aura ensuite marqué notre chute. Redresse cette ville, définitivement. C'est sous d'heureux auspices que tu nous apportas autrefois le salut : ce que tu fus, sois-le encore. Aussi bien, si tu dois régner sur cette terre, comme tu y règnes aujourd'hui, ne vaut-il pas mieux pour cela qu'elle soit peuplée que déserte ? Un rempart, un vaisseau ne sont rien, s'il n'y a plus d'hommes pour les occuper.

ŒDIPE

Mes pauvres enfants, vous venez à moi chargés de vœux que je n'ignore pas – que je connais trop. Vous souffrez tous, je le sais ; mais quelle que soit votre souffrance, il n'est pas un de vous qui souffre autant que moi. Votre douleur, à vous, n'a qu'un objet : pour chacun lui-même et nul autre. Mon cœur à moi gémit sur Thèbes et sur toi et sur moi tout ensemble. Vous ne réveillez pas ici un homme pris par le sommeil. Au contraire, j'avais, sachez-le, répandu déjà bien des larmes et fait faire bien du chemin à ma pensée anxieuse. Le seul remède que j'aie pu, tout bien pesé, découvrir, j'en ai usé sans retard. J'ai envoyé le fils de Ménécée[1],

---

1. Ménécée est le petit-fils de Penthée, descendant direct de Cadmos, le fondateur de Thèbes.

Créon, mon beau-frère[1], à Pythô, chez Phœbus, demander ce que je devais dire ou faire pour sauvegarder notre ville. Et même le jour où nous sommes, quand je le rapproche du temps écoulé, n'est pas sans m'inquiéter : qu'arrive-t-il donc à Créon ? La durée de son absence dépasse le délai normal beaucoup plus qu'il n'est naturel. Mais dès qu'il sera là, je serais criminel, si je refusais d'accomplir ce qu'aura déclaré le dieu.

LE PRÊTRE

Tu ne pouvais parler plus à propos : ces enfants me font justement signe que Créon est là, qui approche.

ŒDIPE

Ah ! s'il pouvait, cher Apollon, nous apporter quelque chance de sauver Thèbes, comme on se l'imagine à son air radieux !

LE PRÊTRE

On peut du moins croire qu'il est satisfait. Sinon, il n'irait pas le front ainsi paré d'une large couronne de laurier florissant.

ŒDIPE

Nous allons tout savoir. Le voici maintenant à portée de nos voix. Ô prince, cher beau-frère, ô fils de Ménécée, quelle réponse du dieu nous rapportes-tu donc ?

Créon entre par la gauche.

CRÉON

Une réponse heureuse. Crois-moi, les faits les plus fâcheux, lorsqu'ils prennent la bonne route, peuvent tous tourner au bonheur.

---

1. Créon est le frère de Jocaste. Quand Laïos eut été tué par Œdipe, Créon avait pris le pouvoir à Thèbes, comme régent. Mais après la victoire d'Œdipe sur la Sphinx, la faveur populaire donna en mariage au nouveau roi la veuve de Laïos.

ŒDIPE

Mais quelle est-elle exactement? Ce que tu dis – sans m'alarmer – ne me rassure guère.

CRÉON

Désires-tu m'entendre devant eux? je suis prêt à parler. Ou bien préfères-tu rentrer?

ŒDIPE

Va, parle devant tous. Leur deuil à eux me pèse plus que le souci de ma personne.

CRÉON

Eh bien! voici quelle réponse m'a été faite au nom du dieu. Sire Phœbos nous donne l'ordre exprès « de chasser la souillure que nourrit ce pays, et de ne pas l'y laisser croître jusqu'à ce qu'elle soit incurable ».

ŒDIPE

Oui. Mais comment nous en laver? Quelle est la nature du mal?

CRÉON

En chassant les coupables, ou bien en les faisant payer meurtre pour meurtre, puisque c'est le sang dont il parle qui remue ainsi notre ville.

ŒDIPE

Mais quel est donc l'homme dont l'oracle dénonce la mort?

CRÉON

Ce pays, prince, eut pour chef Laïos, autrefois, avant l'heure où tu eus toi-même à gouverner notre cité.

ŒDIPE

On me l'a dit ; jamais je ne l'ai vu moi-même.

CRÉON

Il est mort, et le dieu aujourd'hui nous enjoint nettement de le venger et de frapper ses assassins.

ŒDIPE

Mais où sont-ils ? Comment retrouver à cette heure la trace incertaine d'un crime si vieux ?

CRÉON

Le dieu les dit en ce pays. Ce qu'on cherche, on le trouve ; c'est ce qu'on néglige qu'on laisse échapper.

ŒDIPE

Est-ce en son palais, ou à la campagne, ou hors du pays, que Laïos est mort assassiné ?

CRÉON

Il nous avait quittés pour consulter l'oracle, disait-il. Il n'a plus reparu chez lui du jour qu'il en fut parti.

ŒDIPE

Et pas un messager, un compagnon de route n'a assisté au drame, dont on pût tirer quelque information ?

CRÉON

Tous sont morts, tous sauf un, qui a fui, effrayé, et qui n'a pu conter de ce qu'il avait vu qu'une chose, une seule…

ŒDIPE

Laquelle ? Un seul détail pourrait en éclairer bien d'autres, si seulement il nous offrait la moindre raison d'espérer.

CRÉON

Il prétendait que Laïos avait rencontré des brigands et qu'il était tombé sous l'assaut d'une troupe, non sous le bras d'un homme.

ŒDIPE

Des brigands auraient-ils montré pareille audace, si le coup n'avait pas été monté ici et payé à prix d'or ?

CRÉON

C'est bien aussi ce que chacun pensa ; mais, Laïos mort, plus de défenseur qui s'offrît à nous dans notre détresse.

ŒDIPE

Et quelle détresse pouvait donc bien vous empêcher, quand un trône venait de crouler, d'éclaircir un pareil mystère ?

CRÉON

La Sphinx aux chants perfides, la Sphinx, qui nous forçait à laisser là ce qui nous échappait, afin de regarder en face le péril placé sous nos yeux.

ŒDIPE

Eh bien ! je reprendrai l'affaire à son début et l'éclaircirai, moi. Phœbos a fort bien fait – et tu as bien fait, toi aussi – de montrer ce souci du mort. Il est juste que tous deux vous trouviez un appui en moi. Je me charge de la cause à la fois de Thèbes et du dieu. Et ce n'est pas pour des amis lointains, c'est pour moi que j'entends chasser d'ici cette souillure. Quel que soit l'assassin, il peut vouloir un jour me frapper d'un coup tout pareil. Lorsque je défends Laïos, c'est moi-même aussi que je sers. Levez-vous donc, enfants, sans tarder, de ces marches et emportez ces rameaux suppliants. Un autre cependant assemblera ici le peuple de Cadmos. Pour lui, je suis prêt à tout faire, et, si le dieu m'assiste, on me verra sans doute triompher – ou périr.

Il rentre dans le palais avec Créon.

Le Prêtre

Relevons-nous, enfants, puisque ce que nous sommes venus chercher ici, le roi nous le promet. Que Phœbos, qui nous a envoyé ces oracles, maintenant vienne nous sauver et mettre un terme à ce fléau !

Les enfants sortent avec le Prêtre.
Entre le Chœur des Vieillards.

LARGE.

Le Chœur[1]

Ô douce parole de Zeus, que viens-tu apporter de Pythô l'opulente à notre illustre ville,

à Thèbes ? Mon âme, tendue par l'angoisse, est là qui palpite d'effroi. Dieu qu'on invoque avec des cris aigus, dieu de Délos, dieu guérisseur,

quand je pense à toi, je tremble : que vas-tu exiger de nous ? une obligation nouvelle ? ou une obligation omise à renouveler au cours des années ?

Dis-le-moi, Parole éternelle, fille de l'éclatante Espérance.

C'est toi que j'invoque d'abord, toi, la fille de Zeus, immortelle Athéna ; et ta sœur aussi, reine de cette terre,

Artémis, dont la place ronde de Thèbes forme le trône glorieux ; et, avec vous, Phœbos l'Archer ; allons !

tous trois ensemble, divinités préservatrices, apparaissez à mon appel ! Si jamais, quand un désastre menaçait jadis notre ville,

vous avez su écarter d'elle la flamme du malheur, aujourd'hui encore accourez !

---

1. Au moment où ils entrent en scène, les vieillards de Thèbes savent que Créon a rapporté un oracle de Delphes, mais ils en ignorent la teneur. Le chant du chœur exprimera avant tout un appel angoissé aux dieux. Il s'adresse d'abord à Zeus, qui est la source première de tous les oracles.

PLUS ANIMÉ.

Ah! je souffre des maux sans nombre. Tout mon peuple est en proie au fléau, et ma pensée ne possède pas d'arme

qui nous permette une défense. Les fruits de ce noble terroir ne croissent plus à la lumière, et d'heureuses naissances

ne couronnent plus le travail qui arrache des cris aux femmes. L'un après l'autre, on peut voir les Thébains, pareils à des oiseaux ailés,

plus prompts que la flamme indomptable, se précipiter sur la rive où règne le dieu du Couchant.

Et la Cité se meurt en ces morts sans nombre. Nulle pitié ne va à ses fils gisant sur le sol : ils portent la mort à leur tour, personne ne gémit sur eux.

Épouses, mères aux cheveux blancs, toutes de partout affluent au pied des autels,

suppliantes, pleurant leurs atroces souffrances. Le péan éclate, accompagné d'un concert de sanglots.

Sauve-nous, fille éclatante de Zeus, dépêche-nous ton secours radieux!

VIF ET BIEN MARQUÉ.

Arès le Brutal renonce cette fois au bouclier de bronze. Il vient, enveloppé d'une immense clameur, nous assaillir, nous consumer.

Ah! qu'il fasse donc volte-face, rebroussant chemin à toute vitesse, ou jusque dans la vaste demeure d'Amphitrite,

ou jusque vers ces flots de Thrace où ne se montre aucun rivage hospitalier!

Si la nuit a laissé quelque chose à faire, c'est le jour qui vient terminer sa tâche. Sur ce cruel, ô Zeus Père, maître de l'éclair enflammé, lâche ta foudre, écrase-le!

Et toi aussi, dieu Lycien, je voudrais voir les traits partis de ton arc d'or se disperser, invincibles,

pour me secourir, pour me protéger, en même temps que ces flambeaux dont la lueur illumine Artémis, quand elle court, bondissante, à travers les monts de Lycie.

J'appelle enfin le dieu au diadème d'or, celui qui a donné son nom à mon pays, le dieu de l'évohé, Bacchos au visage empourpré, le compagnon des Ménades errantes. Ah! qu'il vienne, éclairé d'une torche ardente, attaquer le dieu à qui tout honneur est refusé parmi les dieux!

> *Œdipe sort du palais et s'adresse*
> *au Chœur du haut de son seuil.*

ŒDIPE

J'entends tes prières, et à ces prières c'est moi qui réponds. Sache écouter, accueillir mes avis, sache te plier aux ordres du fléau, et tu auras le réconfort, l'allégement attendu de tes peines. Je parle ici en homme étranger au rapport qu'il vient d'entendre, étranger au crime lui-même; je ne pourrais tout seul mener loin mon enquête, à moins de disposer de quelque indice; et, comme je me trouve en fait un des derniers citoyens inscrits dans cette cité, c'est à vous, c'est à tous les Cadméens, que j'adresse solennellement cet appel:

«À quiconque parmi vous sait sous le bras de qui est tombé Laïos, le fils de Labdacos, j'ordonne de me révéler tout. S'il craint pour lui-même, qu'il se libère sans éclat de l'inculpation qui pèse sur lui: il n'aura nul ennui et partira d'ici en pleine sûreté. S'il connaît l'assassin comme étant un autre – voire un homme né sur une autre terre –, qu'il ne garde pas le silence, je lui paierai le prix de sa révélation, et j'y joindrai ma gratitude. Mais en revanche, si vous voulez rester muets, si l'un de vous, craignant pour un des siens ou pour lui-même, se dérobe à mon appel, apprenez en ce cas comment j'entends agir. Quel que soit le coupable, j'interdis à tous, dans ce pays où j'ai le trône et le pouvoir, qu'on le reçoive, qu'on lui parle, qu'on l'associe aux prières ou aux sacrifices, qu'on lui accorde la moindre goutte d'eau lustrale. Je veux que tous, au contraire, le jettent hors de leurs maisons, comme la souillure de notre pays: l'oracle auguste de Pythô vient à l'instant de me le déclarer. Voilà comment j'entends servir et le dieu et le mort. Je voue le criminel, qu'il ait agi tout seul, sans se trahir, ou avec des complices, à user misérablement, comme un misérable, une vie sans joie; et, si d'aventure je venais à l'admettre consciemment à mon foyer, je me voue moi-même à tous les châtiments que mes imprécations viennent à l'instant d'appeler sur d'autres. Tout cela, je vous somme de le faire pour moi, pour Apollon, pour cette terre qui se meurt, privée de ses moissons, oubliée de ses dieux. »

Œdipe descend vers le Chœur.
Sur un ton plus familier, mais qui
s'anime et s'élargit peu à peu.

Oui, quand bien même vous n'eussiez pas eu cet avis des dieux, il n'était pas décent pour vous de tolérer pareille tache. Le meilleur des rois avait disparu: il fallait pousser les recherches à fond. Je me vois à cette heure en possession du pouvoir qu'il eut avant moi, en possession de son lit, de la femme qu'il avait déjà rendue mère ; des enfants communs seraient aujourd'hui notre lot commun, si le malheur n'avait frappé sa race ; mais il a fallu que le sort vînt s'abattre sur sa tête ! C'est moi dès lors qui lutterai pour lui, comme s'il eût été mon père. J'y emploierai tous les moyens, tant je brûle de le saisir, l'auteur de ce meurtre, l'assassin du fils de Labdacos, du prince issu de Polydore, du vieux Cadmos, de l'antique Agénor[1] ! Et pour tous ceux qui se refuseront à exécuter mes ordres, je demande aux dieux de ne pas laisser la moisson sortir de leur sol, de ne pas laisser naître d'enfants de leurs femmes, mais de les faire tous périr du mal dont nous mourons, si ce n'est d'un pire encore… À vous au contraire, à tous les Cadméens qui obéiront ici à ma voix, je souhaite de trouver comme aide et compagne la Justice, ainsi que les dieux, à jamais !

LE CORYPHÉE

Tu m'as pris dans les liens de ton imprécation, ô roi: je te parlerai comme elle l'exige. Je n'ai pas commis le meurtre ; je ne saurais davantage te désigner le meurtrier. Mais c'était à Phœbos, en nous répondant, de nous dire ce que nous cherchons, le nom de l'assassin.

---

1. On a ici toute la généalogie des Labdacides. Agénor, qui habitait la Syrie, avait envoyé ses trois fils à la recherche de leur sœur Europe, enlevée par Zeus. L'un d'eux, Cadmos, au cours d'une quête qui lui paraissait vaine, fonda la ville de Thèbes.

ŒDIPE

Tu dis vrai; mais est-il personne qui puisse contraindre les dieux à faire ce qu'ils ne veulent pas?

LE CORYPHÉE

Je voudrais bien alors te donner un second avis.

ŒDIPE

Voire un troisième, si tu veux. Va, n'hésite pas à parler.

LE CORYPHÉE

Comme sire Apollon, sire Tirésias possède, je le sais, le don de clairvoyance. En recourant à lui pour mener cette enquête, on serait renseigné très exactement, roi.

ŒDIPE

Mais je n'ai pas non plus négligé ce moyen. Créon m'en a parlé, et j'ai dépêché sur l'heure au devin deux messagers. Je m'étonne même depuis un moment qu'il ne soit pas là.

LE CORYPHÉE

Disons-le bien aussi, tout le reste ne compte pas : propos en l'air et radotages.

ŒDIPE

Quels propos? Il n'est rien de ce que l'on dit que je n'entende contrôler.

LE CORYPHÉE

On l'a dit tué par d'autres voyageurs.

ŒDIPE

Je l'ai aussi entendu dire. Mais le témoin qui aurait vu le fait, personne ici ne le voit plus lui-même.

LE CORYPHÉE

Mais, s'il est tant soit peu accessible à la crainte, devant tes imprécations, le criminel ne pourra plus tenir.

ŒDIPE

Celui qui n'a pas peur d'un acte a moins peur encore d'un mot.

LE CORYPHÉE

Mais il est quelqu'un qui peut le confondre : voici que l'on t'amène l'auguste devin, celui qui, seul parmi les hommes, porte en son sein la vérité !

Entre Tirésias, guidé par un enfant.
Deux esclaves d'Œdipe les accompagnent.

ŒDIPE

Toi qui scrutes tout, ô Tirésias, aussi bien ce qui s'enseigne que ce qui demeure interdit aux lèvres humaines, aussi bien ce qui est du ciel que ce qui marche sur la terre, tu as beau être aveugle, tu n'en sais pas moins de quel fléau Thèbes est la proie. Nous ne voyons que toi, seigneur, qui puisses contre lui nous protéger et nous sauver. Phœbos, en effet – si tu n'as rien su par mes envoyés –, Phœbos consulté nous a conseillés ainsi : un seul moyen nous est offert pour nous délivrer du fléau ; c'est de trouver les assassins de Laïos, pour les faire ensuite périr ou les exiler du pays. Ne nous refuse donc ni les avis qu'inspirent les oiseaux, ni aucune démarche de la science prophétique, et sauve-toi, toi et ton pays, sauve-moi aussi, sauve-nous de toute souillure que peut nous infliger le mort. Notre vie est entre tes mains. Pour un homme, aider les autres dans la mesure de sa force et de ses moyens, il n'est pas de plus noble tâche.

TIRÉSIAS

Hélas! hélas! qu'il est terrible de savoir, quand le savoir ne sert de rien à celui qui le possède! Je ne l'ignorais pas; mais je l'ai oublié. Je ne fusse pas venu sans cela.

ŒDIPE

Qu'est-ce là? et pourquoi pareil désarroi à la pensée d'être venu?

TIRÉSIAS

Va, laisse-moi rentrer chez moi: nous aurons, si tu m'écoutes, moins de peine à porter, moi mon sort, toi le tien.

ŒDIPE

Que dis-tu? Il n'est ni normal ni conforme à l'amour que tu dois à Thèbes, ta mère, de lui refuser un oracle.

TIRÉSIAS

Ah! c'est que je te vois toi-même ne pas dire ici ce qu'il faut; et, comme je crains de commettre la même erreur à mon tour...

ŒDIPE

Non, par les dieux! si tu sais, ne te détourne pas de nous. Nous sommes tous ici à tes pieds, suppliants.

TIRÉSIAS

C'est que tous, tous, vous ignorez... Mais non, n'attends pas de moi que je révèle mon malheur – pour ne pas dire: le tien.

ŒDIPE

Comment? tu sais, et tu ne veux rien dire! Ne comprends-tu pas que tu nous trahis et perds ton pays?

TIRÉSIAS

Je ne veux affliger ni toi ni moi. Pourquoi me pourchasser vainement de la sorte? De moi tu ne sauras rien.

ŒDIPE

Ainsi, ô le plus méchant des méchants – car vraiment tu mettrais en fureur un roc –, ainsi, tu ne veux rien dire, tu prétends te montrer insensible, entêté à ce point?

TIRÉSIAS

Tu me reproches mon furieux entêtement, alors que tu ne sais pas voir celui qui loge chez toi, et c'est moi qu'ensuite tu blâmes!

ŒDIPE

Et qui ne serait en fureur à entendre de ta bouche des mots qui sont autant d'affronts pour cette ville?

TIRÉSIAS

Les malheurs viendront bien seuls: peu importe que je me taise et cherche à te les cacher!

ŒDIPE

Mais alors, s'ils doivent venir, faut-il pas que tu me les dises?

TIRÉSIAS

Je n'en dirai pas plus. Après quoi, à ta guise! laisse ton dépit déployer sa fureur la plus farouche.

ŒDIPE

Eh bien soit! Dans la fureur où je suis je ne cèlerai rien de ce que j'entrevois. Sache donc qu'à mes yeux c'est toi qui as tramé le crime, c'est toi qui l'as commis – à cela près seulement que ton bras n'a pas frappé. Mais, si tu avais des yeux, je dirais que même cela, c'est toi, c'est toi seul qui l'as fait.

TIRÉSIAS

Vraiment ? Eh bien, je te somme, moi, de t'en tenir à l'ordre que tu as proclamé toi-même, et donc de ne plus parler de ce jour à qui que ce soit, ni à moi, ni à ces gens ; car, sache-le, c'est toi, c'est toi, le criminel qui souille ce pays !

ŒDIPE

Quoi ? tu as l'impudence de lâcher pareil mot ! Mais comment crois-tu donc te dérober ensuite ?

TIRÉSIAS

Je demeure hors de tes atteintes : en moi vit la force du vrai.

ŒDIPE

Et qui t'aurait appris le vrai ? Ce n'est certes pas ton art.

TIRÉSIAS

C'est toi, puisque tu m'as poussé à parler malgré moi.

ŒDIPE

Et à dire quoi ? répète, que je sache mieux.

TIRÉSIAS

N'as-tu donc pas compris ? Ou bien me tâtes-tu pour me faire parler ?

ŒDIPE

Pas assez pour dire que j'ai bien saisi. Va, répète encore.

TIRÉSIAS

Je dis que c'est toi l'assassin cherché.

ŒDIPE

Ah! tu ne répéteras pas telles horreurs impunément!

TIRÉSIAS

Et dois-je encore, pour accroître ta fureur...

ŒDIPE

Dis ce que tu voudras : tu parleras pour rien.

TIRÉSIAS

Eh bien donc, je le dis. Sans le savoir, tu vis dans un commerce infâme avec les plus proches des tiens, et sans te rendre compte du degré de misère où tu es parvenu.

ŒDIPE

Et tu t'imagines pouvoir en dire plus sans qu'il t'en coûte rien?

TIRÉSIAS

Oui, si la vérité garde quelque pouvoir.

ŒDIPE

Ailleurs, mais pas chez toi! Non, pas chez un aveugle, dont l'âme et les oreilles sont aussi fermées que les yeux!

TIRÉSIAS

Mais toi aussi, tu n'es qu'un malheureux, quand tu me lances des outrages que tous ces gens bientôt te lanceront aussi.

ŒDIPE

Tu ne vis, toi, que de ténèbres : comment donc me pourrais-tu nuire, à moi, comme à quiconque voit la clarté du jour?

TIRÉSIAS

Non, mon destin n'est pas de tomber sous tes coups : Apollon n'aurait pas de peine à te les faire payer.

ŒDIPE

Est-ce Créon ou toi qui inventas l'histoire ?

TIRÉSIAS

Ce n'est pas Créon qui te perd, c'est toi.

ŒDIPE

Ah ! richesse, couronne, savoir surpassant tous autres savoirs, vous faites sans doute la vie enviable ; mais que de jalousies vous conservez aussi contre elle chez vous ! s'il est vrai que, pour ce pouvoir, que Thèbes m'a mis elle-même en main, sans que je l'aie, moi, demandé jamais, Créon, le loyal Créon, l'ami de toujours, cherche aujourd'hui sournoisement à me jouer, à me chasser d'ici, et qu'il a pour cela suborné ce faux prophète, ce grand meneur d'intrigues, ce fourbe charlatan, dont les yeux sont ouverts au gain, mais tout à fait clos pour son art. Car enfin, dis-moi, quand donc as-tu été un devin véridique ? pourquoi, quand l'ignoble Chanteuse était dans nos murs, ne disais-tu pas à ces citoyens le mot qui les eût sauvés ? Ce n'était pourtant pas le premier venu qui pouvait résoudre l'énigme : il fallait là l'art d'un devin. Cet art, tu n'as pas montré que tu l'eusses appris ni des oiseaux ni d'un dieu ! Et cependant j'arrive, moi, Œdipe, ignorant de tout, et c'est moi, moi seul, qui lui ferme la bouche, sans rien connaître des présages, par ma seule présence d'esprit. Et voilà l'homme qu'aujourd'hui tu prétends expulser de Thèbes ! Déjà tu te vois sans doute debout auprès du trône de Créon ? Cette expulsion-là pourrait te coûter cher, à toi comme à celui qui a mené l'intrigue. Si tu ne me faisais l'effet d'un bien vieil homme, tu recevrais exactement la leçon due à ta malice.

Le Coryphée

Il nous semble bien à nous que, si ses mots étaient dictés par la colère, il en est de même pour les tiens, Œdipe ; et ce n'est pas de tels propos que nous avons besoin ici. Comment résoudre au mieux l'oracle d'Apollon ! voilà seulement ce que nous avons à examiner.

Tirésias

Tu règnes ; mais j'ai mon droit aussi, que tu dois reconnaître, le droit de te répondre point pour point à mon tour, et il est à moi sans conteste. Je ne suis pas à tes ordres, je suis à ceux de Loxias ; je n'aurai pas dès lors à réclamer le patronage de Créon. Et voici ce que je te dis. Tu me reproches d'être aveugle ; mais toi, toi qui y vois, comment ne vois-tu pas à quel point de misère tu te trouves à cette heure ? et sous quel toit tu vis, en compagnie de qui ? – sais-tu seulement de qui tu es né ? – Tu ne te doutes pas que tu es en horreur aux tiens, dans l'enfer comme sur la terre. Bientôt, comme un double fouet, la malédiction d'un père et d'une mère, qui approche terrible, va te chasser d'ici. Tu vois le jour : tu ne verras bientôt plus que la nuit. Quels bords ne rempliras-tu pas alors de tes clameurs ? – quel Cithéron n'y fera pas écho ? – lorsque tu comprendras quel rivage inclément fut pour toi cet hymen où te fit aborder un trop heureux voyage ! Tu n'entrevois pas davantage le flot de désastres nouveaux qui va te ravaler au rang de tes enfants ! Après cela, va, insulte Créon, insulte mes oracles : jamais homme avant toi n'aura plus durement été broyé du sort.

Œdipe

Ah ! peut-on tolérer d'entendre parler de la sorte ? Va-t'en à la male heure, et vite ! Vite, tourne le dos à ce palais. Loin d'ici ! va-t'en !

Tirésias

Je ne fusse pas venu de moi-même : c'est toi seul qui m'as appelé.

ŒDIPE

Pouvais-je donc savoir que tu ne dirais que sottises? J'aurais pris sans cela mon temps pour te mander jusqu'ici.

TIRÉSIAS

Je t'apparais donc sous l'aspect d'un sot? Pourtant j'étais un sage aux yeux de tes parents.

ŒDIPE

Quels parents? Reste là. De qui suis-je le fils?

TIRÉSIAS

Ce jour te fera naître et mourir à la fois.

ŒDIPE

Tu ne peux donc user que de mots obscurs et d'énigmes?

TIRÉSIAS

Quoi! tu n'excelles plus à trouver les énigmes?

ŒDIPE

Va, reproche-moi donc ce qui fait ma grandeur.

TIRÉSIAS

C'est ton succès pourtant qui justement te perd.

ŒDIPE

Si j'ai sauvé la ville, que m'importe le reste?

TIRÉSIAS

Eh bien! je pars. Enfant, emmène-moi.

ŒDIPE

Oui, certes, qu'il t'emmène! Ta présence me gêne et me pèse. Tu peux partir: je n'en serai pas plus chagrin.

TIRÉSIAS

Je pars, mais je dirai d'abord ce pour quoi je suis venu. Ton visage ne m'effraie pas: ce n'est pas toi qui peux me perdre. Je te le dis en face: l'homme que tu cherches depuis quelque temps avec toutes ces menaces, ces proclamations sur Laïos assassiné, cet homme est ici même. On le croit un étranger, un étranger fixé dans le pays: il se révélera un Thébain authentique – et ce n'est pas cette aventure qui lui procurera grand-joie. Il y voyait: de ce jour il sera aveugle; il était riche: il mendiera, et, tâtant sa route devant lui avec son bâton, il prendra le chemin de la terre étrangère. Et, du même coup, il se révélera père et frère à la fois des fils qui l'entouraient, époux et fils ensemble de la femme dont il est né, rival incestueux aussi bien qu'assassin de son propre père! Rentre à présent, médite mes oracles, et, si tu t'assures que je t'ai menti, je veux bien alors que tu dises que j'ignore tout de l'art des devins.

Il sort. Œdipe rentre dans son palais.

ANIMÉ.

LE CHŒUR

Quel est donc celui qu'à Delphes a désigné la roche prophétique comme ayant de sa main sanglante consommé des forfaits passant tous les forfaits?

Voici l'heure pour lui de mouvoir dans sa fuite des jarrets plus robustes que ceux de ces cavales qui luttent avec les vents.

Déjà sur lui le fils de Zeus s'élance, armé de flammes et d'éclairs, et sur ses traces courent les déesses de mort, les terribles déesses qui jamais n'ont manqué leur proie.

Elle vient de luire, éclatante, la parole jaillie du Parnasse neigeux. Elle veut que chacun se jette sur la piste du coupable incertain.

Déjà il va errant par la forêt sauvage, à travers grottes et rochers, tout comme un taureau.

Solitaire et misérable dans sa fuite misérable, il tâche d'échapper aux oracles sortis du centre de la terre. Mais eux sont toujours là, volant autour de lui !

PLUS SOUTENU.

Sans doute il me trouble, me trouble étrangement, le sage devin. Je ne puis le croire ni le démentir. Que dire ? Je ne sais. Je flotte au vent de mes craintes et ne vois plus rien ni devant ni derrière moi.

Quel grief pouvait exister, soit dans l'âme des Labdacides, soit dans celle du fils de Polybe ? Ni dans le passé ni dans le présent,

je ne trouve la moindre preuve qui me force à partir en guerre contre le renom bien assis d'Œdipe, et à m'instituer, au nom des Labdacides, le vengeur de tel ou tel meurtre incertain.

Mais, si Zeus et si Apollon sont sans doute clairvoyants et s'ils sont bien instruits du destin des mortels, parmi les hommes en revanche, un devin possède-t-il, lui, des dons supérieurs aux miens ? Rien ne l'atteste vraiment. Oui, un savoir humain

peut toujours en dépasser d'autres ; mais, tant que je n'aurai pas vu se vérifier les dires de ses accusateurs, je me refuse à les admettre.

Ce qui demeure manifeste, c'est que la Vierge ailée un jour s'en prit à lui, et qu'il prouva alors et sa sagesse et son amour pour Thèbes. Et c'est pourquoi jamais mon cœur ne lui imputera un crime.

Créon arrive par la droite.

Créon

On m'apprend, citoyens, que notre roi Œdipe se répand contre moi en propos singuliers. L'idée m'en est intolérable, et c'est pourquoi je suis ici. Si vraiment il s'imagine qu'à l'heure où nous nous trouvons je lui cause le moindre tort, soit en paroles, soit en actes, je ne souhaite plus de vivre davantage : tel décri me pèserait trop. Des dires de ce genre m'apportent plus qu'un simple préjudice : serait-il pour moi rien de pis que de passer pour un félon dans ma cité, pour un félon à tes yeux ainsi qu'aux yeux de tous les miens ?

LE CORYPHÉE

L'outrage a bien pu lui être arraché par la colère plutôt qu'énoncé de sang-froid.

CRÉON

Et la chose a été formellement dite : ce serait pour servir mes vues que le devin aurait énoncé ces mensonges ?

LE CORYPHÉE

Oui, c'est bien là ce qu'il disait, mais dans quel esprit ? je l'ignore.

CRÉON

Mais conservait-il le regard, le jugement d'un homme ayant sa tête, alors qu'il lançait cette accusation contre moi ?

LE CORYPHÉE

Je ne sais pas : je n'ai point d'yeux pour ce que font mes maîtres. Mais le voici qui sort à l'instant du palais.

Œdipe paraît sur son seuil.

ŒDIPE

Hé là ! que fais-tu donc ici ? Quoi ! tu as le front, insolent, de venir jusqu'à mon palais, assassin qui en veux clairement à ma vie, brigand visiblement avide de mon trône !... Mais, voyons, parle, au nom des dieux ! qu'as-tu saisi en moi – lâcheté ou sottise ? – pour que tu te sois décidé à me traiter de cette sorte ? Ou pensais-tu que je ne saurais pas surprendre ton complot en marche, ni lui barrer la route, si je le surprenais ? La sottise est plutôt dans ton projet, à toi, toi qui, sans le peuple, toi qui, sans amis, pars à la conquête d'un trône que l'on n'a jamais obtenu que par le peuple et par l'argent.

CRÉON

Sais-tu ce que tu as à faire ? Tu as parlé : laisse-moi parler à mon tour, puis juge toi-même, une fois que tu m'auras entendu.

ŒDIPE

Tu parles bien, mais moi, je t'entends mal. Je te trouve à la fois hostile et inquiétant.

CRÉON

Sur ce point justement, commence par m'écouter.

ŒDIPE

Sur ce point justement, ne commence pas par dire que tu n'es pas un félon.

CRÉON

Si vraiment tu t'imagines qu'arrogance sans raison constitue un avantage, tu n'as plus alors ton bon sens.

ŒDIPE

Si vraiment tu t'imagines qu'un parent qui trahit les siens n'en doit pas être châtié, tu as perdu aussi le sens.

CRÉON

J'en suis d'accord. Rien de plus juste. Mais quel tort prétends-tu avoir subi de moi ? dis-le.

ŒDIPE

Oui ou non, soutenais-tu que je devais envoyer quérir l'auguste devin ?

CRÉON

Et, à cette heure encore, je suis du même avis.

ŒDIPE

Dis-moi donc depuis quand votre roi Laïos…

CRÉON

A fait quoi ? je ne saisis pas toute ta pensée.

ŒDIPE

… a disparu, victime d'une agression mortelle.

CRÉON

On compterait depuis beaucoup de longues et de vieilles années.

ŒDIPE

Notre devin déjà exerçait-il son art ?

CRÉON

Oui, déjà aussi sage, aussi considéré.

ŒDIPE

Parla-t-il de moi en cette occurrence ?

CRÉON

Non, jamais, du moins devant moi.

ŒDIPE

Mais ne fîtes-vous pas d'enquête sur le mort ?

CRÉON

Si ! cela va de soi – sans aboutir à rien.

ŒDIPE

Et pourquoi le sage devin ne parlait-il donc pas alors ?

CRÉON

Je ne sais. Ma règle est de me taire quand je n'ai pas d'idée.

ŒDIPE

Ce que tu sais et ce que tu diras, si tu n'as pas du moins perdu le sens…

CRÉON

Quoi donc ? Si je le sais, je ne cacherai rien.

ŒDIPE

C'est qu'il ne m'eût jamais, sans accord avec toi, attribué la mort de Laïos.

CRÉON

Si c'est là ce qu'il dit, tu le sais par toi-même. Je te demande seulement de répondre, toi, à ton tour, ainsi que je l'ai fait pour toi.

ŒDIPE

Soit ! interroge-moi : ce n'est pas en moi qu'on découvrira l'assassin !

CRÉON

Voyons : tu as bien épousé ma sœur.

ŒDIPE

Il me serait bien malaisé d'aller prétendre le contraire.

CRÉON

Tu règnes donc sur ce pays avec des droits égaux aux siens ?

ŒDIPE

Et tout ce dont elle a envie, sans peine elle l'obtient de moi.

CRÉON

Et n'ai-je pas, moi, part égale de votre pouvoir à tous deux?

ŒDIPE

Et c'est là justement que tu te révèles un félon!

CRÉON

Mais non! Rends-toi seulement compte de mon cas. Réfléchis à ceci d'abord: crois-tu que personne aimât mieux régner dans le tremblement sans répit, que dormir paisible tout en jouissant du même pouvoir? Pour moi, je ne suis pas né avec le désir d'être roi, mais bien avec celui de vivre comme un roi. Et de même quiconque est doué de raison. Aujourd'hui, j'obtiens tout de toi, sans le payer d'aucune crainte: si je régnais moi-même, que de choses je devrais faire malgré moi! Comment pourrais-je donc trouver le trône préférable à un pouvoir, à une autorité qui ne m'apportent aucun souci? Je ne me leurre pas au point de souhaiter plus qu'honneur uni à profit. Aujourd'hui je me trouve à mon aise avec tous, aujourd'hui chacun me fête, aujourd'hui quiconque a besoin de toi vient me chercher jusque chez moi: pour eux, le succès est là tout entier. Et je lâcherais ceci pour cela? Non, raison ne saurait devenir déraison. Jamais je n'eus de goût pour une telle idée. Et je n'aurais pas admis davantage de m'allier à qui aurait agi ainsi. La preuve? Va à Pythô tout d'abord, et demande si je t'ai rapporté exactement l'oracle. Après quoi, si tu peux prouver que j'aie comploté avec le devin, fais-moi mettre à mort: ce n'est pas ta voix seule qui me condamnera, ce sont nos deux voix, la mienne et la tienne. Mais ne va pas, sur un simple soupçon, m'incriminer sans m'avoir entendu. Il n'est pas équitable de prendre à la légère les méchants pour les bons, les bons pour les méchants. Rejeter un ami loyal, c'est en fait se priver d'une part de sa propre vie, autant dire de ce qu'on chérit plus que tout. Mais cela, il faut du temps pour l'apprendre de façon sûre. Le temps seul est capable de montrer l'honnête homme, tandis qu'il suffit d'un jour pour dévoiler un félon.

LE CORYPHÉE

Qui prétend se garder d'erreur trouvera qu'il a bien parlé. Trop vite décider n'est pas sans risque, roi.

ŒDIPE

Quand un traître, dans l'ombre, se hâte vers moi, je dois me hâter, moi aussi, de prendre un parti. Que je reste là sans agir, voilà son coup au but et le mien manqué.

CRÉON

Que souhaites-tu donc ? M'exiler du pays ?

ŒDIPE

Nullement : c'est ta mort que je veux, ce n'est pas ton exil.

CRÉON

Mais montre-moi d'abord la raison de ta haine.

ŒDIPE

Tu prétends donc être rebelle ? Tu te refuses à obéir ?

CRÉON

Oui, quand je te vois hors de sens.

ŒDIPE

J'ai le sens de mon intérêt.

CRÉON

L'as-tu du mien aussi ?

ŒDIPE

Tu n'es, toi, qu'un félon.

CRÉON

Et si tu ne comprends rien?

ŒDIPE

N'importe! obéis à ton roi.

CRÉON

Pas à un mauvais roi.

ŒDIPE

Thèbes! Thèbes!

CRÉON

Thèbes est à moi autant qu'à toi.

LE CORYPHÉE

Ô princes, arrêtez!... Mais je vois Jocaste sortir justement du palais. Il faut qu'elle vous aide à régler la querelle qui vous a mis aux prises.

Jocaste apparaît au seuil du palais
et s'interpose entre Œdipe et Créon.

JOCASTE

Malheureux! qu'avez-vous à soulever ici une absurde guerre de mots? N'avez-vous pas de honte, lorsque votre pays souffre ce qu'il souffre, de remuer ici vos rancunes privées? (*À Œdipe.*) Allons, rentre au palais. Et toi chez toi, Créon. Ne faites pas d'un rien une immense douleur.

CRÉON

C'est ton époux, ma sœur, c'est Œdipe, qui prétend me traiter d'une étrange façon et décider lui-même s'il me chassera de Thèbes ou m'arrêtera pour me mettre à mort.

ŒDIPE

Parfaitement! Ne l'ai-je pas surpris en train de monter criminellement contre ma personne une intrigue criminelle?

CRÉON

Que toute chance m'abandonne et que je meure à l'instant même sous ma propre imprécation, si j'ai jamais fait contre toi rien de ce dont tu m'accuses!

JOCASTE

Au nom des dieux, Œdipe, sur ce point-là, crois-le. Respecte sa parole – les dieux en sont garants –, respecte-moi aussi, et tous ceux qui sont là.

ASSEZ AGITÉ.

LE CHŒUR

Cède à sa prière, montre bon vouloir, reprends ton sang-froid, je t'en prie, seigneur!

ŒDIPE

Alors que dois-je t'accorder?

LE CHŒUR

Respecte ici un homme qui jamais ne fut fou, et qu'aujourd'hui son serment rend sacré.

ŒDIPE

Mais sais-tu bien ce que tu souhaites?

LE CORYPHÉE

Je le sais.

ŒDIPE

Eh bien ! dis ce que tu veux dire.

LE CHŒUR

C'est ton parent ; un serment le protège : ne lui fais pas l'affront de l'accuser sur un simple soupçon.

ŒDIPE

Voilà donc ce que tu demandes ! En ce cas, sache-le bien, tu veux ma mort, ou mon exil.

LE CHŒUR

Non, j'en prends à témoin le dieu qui prime tous les dieux, j'en prends à témoin le Soleil, que je périsse ici dans les derniers supplices, abandonné des dieux, abandonné des miens, si j'ai telle pensée !

Mais ce pays qui meurt désole mon âme, si je dois voir maintenant s'ajouter aux maux d'hier des maux qui viennent de vous deux.

ŒDIPE

Eh bien soit ! qu'il parte ! dussé-je périr à coup sûr, ou me voir expulsé par force et ignominieusement de Thèbes. C'est ton langage qui me touche ; il m'apitoie, et non le sien. Où qu'il soit, il sera, lui, l'objet de ma haine.

CRÉON

Tu cèdes la rage au cœur, on le voit, pour être ensuite tout confus, quand ton courroux sera tombé. Des caractères comme le tien sont surtout pénibles à eux-mêmes, et c'est bien justice.

ŒDIPE

Vas-tu donc me laisser en paix et t'en aller !

CRÉON

Je m'en vais, tu m'auras méconnu; mais pour eux je reste l'homme que j'étais.

Il s'éloigne par la gauche.

ASSEZ AGITÉ.

LE CHŒUR

Que tardes-tu, femme, à l'emmener chez lui?

JOCASTE

Je veux savoir d'abord ce qui est arrivé.

LE CHŒUR

Une idée qu'on s'est faite sur des mots mal compris[1]. Mais on se pique aussi d'un injuste reproche.

JOCASTE

Tous deux sont responsables, alors?

LE CORYPHÉE

Oui.

JOCASTE

Mais quel était donc le propos?

LE CHŒUR

C'est assez, bien assez, quand Thèbes souffre déjà tant, d'en rester où finit l'affaire.

---

1. C'est Œdipe qui s'est fait *des idées* sur le langage du devin, qu'il a cru dicté par Créon, et c'est Créon qui s'est *piqué* d'avoir été injustement soupçonné.

ŒDIPE

Tu vois à quoi tu aboutis, malgré ta bonne intention, en faisant ainsi fléchir et en émoussant mon courroux[1]?

LE CHŒUR

Ô roi, je te l'ai dit plus d'une fois déjà, je me montrerais, sache-le, insensé, privé de raison, si je me détachais de toi.

C'est toi qui, quand ma cité était en proie aux traverses, as su la remettre dans le sens du vent: aujourd'hui encore, si tu peux, pour elle sois le bon pilote.

JOCASTE

Au nom des dieux, dis-moi, seigneur, ce qui a bien pu, chez toi, soulever pareille colère.

ŒDIPE

Oui, je te le dirai. Je te respecte, toi, plus que tous ceux-là. C'est Créon, c'est le complot qu'il avait formé contre moi.

JOCASTE

Parle, que je voie si tu peux exactement dénoncer l'objet de cette querelle.

ŒDIPE

Il prétend que c'est moi qui ai tué Laïos.

JOCASTE

Le sait-il par lui-même? Ou le tient-il d'un autre?

ŒDIPE

Il nous a dépêché un devin – un coquin. Pour lui, il garde sa langue toujours libre d'impudence.

---

1. Le courroux d'Œdipe, en l'amenant à frapper Créon, l'aurait du moins empêché de s'exposer à la mort.

JOCASTE

Va, absous-toi toi-même du crime dont tu parles, et écoute-moi. Tu verras que jamais créature humaine ne posséda rien de l'art de prédire. Et je vais t'en donner la preuve en peu de mots. Un oracle arriva jadis à Laïos, non d'Apollon lui-même, mais de ses serviteurs. Le sort qu'il avait à attendre était de périr sous le bras d'un fils qui naîtrait de lui et de moi. Or Laïos, dit la rumeur publique, ce sont des brigands étrangers qui l'ont abattu, au croisement de deux chemins; et d'autre part, l'enfant une fois né, trois jours ne s'étaient pas écoulés, que déjà Laïos, lui liant les talons, l'avait fait jeter sur un mont désert. Là aussi, Apollon ne put faire ni que le fils tuât son père, ni que Laïos, comme il le redoutait, pérît par la main de son fils. C'était bien pourtant le destin que des voix prophétiques nous avaient signifié! De ces voix-là ne tiens donc aucun compte. Les choses dont un dieu poursuit l'achèvement, il saura bien les révéler lui-même.

ŒDIPE

Ah! comme à t'entendre, je sens soudain, ô femme, mon âme qui s'égare, ma raison qui chancelle!

JOCASTE

Quelle inquiétude te fait soudainement regarder en arrière?

ŒDIPE

Tu as bien dit ceci: Laïos aurait été tué au croisement de deux chemins?

JOCASTE

On l'a dit alors, on le dit toujours.

ŒDIPE

Et en quel pays se place l'endroit où Laïos aurait subi ce sort?

JOCASTE

Le pays est la Phocide; le carrefour est celui où se joignent les deux chemins qui viennent de Delphes et de Daulia[1].

ŒDIPE

Et combien de temps se serait-il passé depuis l'événement?

JOCASTE

C'est un peu avant le jour où fut reconnu ton pouvoir sur Thèbes que la nouvelle en fut apportée ici.

ŒDIPE

Ah! que songes-tu donc, Zeus, à faire de moi?

JOCASTE

Quel est le souci qui te tient, Œdipe?

ŒDIPE

Attends encore un peu pour m'interroger. Et Laïos, quelle était son allure? quel âge portait-il?

JOCASTE

Il était grand. Les cheveux sur son front commençaient à blanchir. Son aspect n'était pas très éloigné du tien.

ŒDIPE

Malheureux! je crains bien d'avoir, sans m'en douter, lancé contre moi-même tout à l'heure d'étranges malédictions.

---

1. La route de Daulia n'est mentionnée ici que pour marquer le point où s'est produite la rencontre; mais celle-ci a eu lieu sur la route même de Delphes, Œdipe venant du sanctuaire et Laïos s'y rendant. Aucun d'eux ne venait de Daulia, bien qu'ils se soient heurtés au croisement des deux chemins.

JOCASTE

Que dis-tu, seigneur? Je tremble à te regarder.

ŒDIPE

Je perds terriblement courage à l'idée que le devin ne voie trop clair. Tu achèveras de me le prouver d'un seul mot encore.

JOCASTE

Certes j'ai peur aussi; mais apprends-moi ce que tu veux savoir et je te répondrai.

ŒDIPE

Laïos allait-il en modeste équipage? ou entouré de gardes en nombre, ainsi qu'il convient à un souverain?

JOCASTE

Ils étaient cinq en tout, dont un héraut. Un chariot portait Laïos.

ŒDIPE

Ah! cette fois tout est clair!... Mais qui vous a fait le récit, ô femme?

JOCASTE

Un serviteur, le seul survivant du voyage.

ŒDIPE

Est-il dans le palais, à l'heure où nous sommes?

JOCASTE

Non, sitôt de retour, te trouvant sur le trône et voyant Laïos mort, le voilà qui me prend la main, me supplie de le renvoyer à ses champs, à la garde de ses bêtes. Il voulait être désormais le plus loin possible de Thèbes. Je le laissai partir. Ce n'était qu'un esclave, mais qui méritait bien cela, et mieux encore.

ŒDIPE

Pourrait-on nous le faire revenir au plus vite ?

JOCASTE

On le peut. Mais pourquoi désires-tu si ardemment sa présence ?

ŒDIPE

Je crains pour moi, ô femme, je crains d'avoir trop parlé. Et c'est pourquoi je veux le voir.

JOCASTE

Il viendra. Mais moi aussi, ne mérité-je pas d'apprendre ce qui te tourmente, seigneur ?

ŒDIPE

Je ne saurais te dire non : mon anxiété est trop grande. Quel confident plus précieux pourrais-je donc avoir que toi, au milieu d'une telle épreuve ? Mon père est Polybe – Polybe de Corinthe[1]. Mérope, ma mère, est une Dorienne. J'avais le premier rang là-bas, parmi les citoyens, lorsque survint un incident, qui méritait ma surprise sans doute, mais ne méritait pas qu'on le prît à cœur comme je le pris. Pendant un repas, au moment du vin, dans l'ivresse, un homme m'appelle « enfant supposé ». Le mot me fit mal ; j'eus peine ce jour-là à me contenir, et dès le lendemain j'allai questionner mon père et ma mère. Ils se montrèrent indignés contre l'auteur du propos ; mais, si leur attitude en cela me satisfit, le mot n'en cessait pas moins de me poindre et faisait son chemin peu à peu dans mon cœur. Alors, sans prévenir mon père ni ma mère, je pars pour Pythô ; et là Phœbos me renvoie sans même avoir daigné répondre à ce pour quoi j'étais venu, mais non sans avoir en revanche prédit à l'infortuné que j'étais le plus horrible, le plus lamentable destin : j'entrerais au lit de ma mère, je ferais voir au monde une race monstrueuse, je serais l'assassin du père dont

---

1. Polybe était roi de Corinthe ; suivant d'autres traditions, de Sicyone. Son épouse, Mérope, n'a d'autre notoriété que celle qui lui vient de la pièce de Sophocle.

j'étais né! Si bien qu'après l'avoir entendu, à jamais, sans plus de façons, je laisse là Corinthe et son territoire, je m'enfuis vers des lieux où je ne pusse voir se réaliser les ignominies que me prédisait l'effroyable oracle. Et voici qu'en marchant j'arrive à l'endroit même où tu prétends que ce prince aurait péri... Eh bien! à toi, femme, je dirai la vérité tout entière. Au moment où, suivant ma route, je m'approchais du croisement des deux chemins, un héraut, puis, sur un chariot attelé de pouliches, un homme tout pareil à celui que tu me décris, venaient à ma rencontre. Le guide, ainsi que le vieillard lui-même, cherche à me repousser de force. Pris de colère, je frappe, moi, celui qui me prétend écarter de ma route, le conducteur. Mais le vieux me voit, il épie l'instant où je passe près de lui et de son chariot il m'assène en pleine tête un coup de son double fouet. Il paya cher ce geste-là! En un moment, atteint par le bâton que brandit cette main, il tombe à la renverse et du milieu du chariot il s'en va rouler à terre – et je les tue tous... Si quelque lien existe entre Laïos et cet inconnu, est-il à cette heure un mortel plus à plaindre que celui que tu vois? Est-il homme plus abhorré des dieux? Étranger, citoyen, personne ne peut plus me recevoir chez lui, m'adresser la parole, chacun me doit écarter de son seuil. Bien plus, c'est moi-même qui me trouve aujourd'hui avoir lancé contre moi-même les imprécations que tu sais. À l'épouse du mort j'inflige une souillure, quand je la prends entre ces bras qui ont fait périr Laïos! Suis-je donc pas un criminel? suis-je pas tout impureté? puisqu'il faut que je m'exile, et qu'exilé je renonce à revoir les miens, à fouler de mon pied le sol de ma patrie; sinon, je devrais tout ensemble entrer dans le lit de ma mère et devenir l'assassin de mon père, ce Polybe qui m'a engendré et nourri. Est-ce donc pas un dieu cruel qui m'a réservé ce destin? On peut le dire, et sans erreur. Ô sainte majesté des dieux, non, que jamais je ne voie ce jour-là! Ah! que plutôt je parte et que je disparaisse du monde des humains avant que la tache d'un pareil malheur soit venue souiller mon front!

LE CORYPHÉE

Tout cela, je l'avoue, m'inquiète, seigneur. Mais tant que tu n'as pas entendu le témoin, conserve bon espoir.

ŒDIPE

Oui, mon espoir est là: attendre ici cet homme, ce berger – rien de plus.

JOCASTE

Mais pourquoi tel désir de le voir apparaître?

ŒDIPE

Pourquoi? Voici pourquoi: que nous le retrouvions disant ce que tu dis, et je suis hors de cause.

JOCASTE

Et quels mots si frappants ai-je donc pu te dire?

ŒDIPE

C'étaient des brigands, disais-tu, qui avaient, selon lui, tué Laïos. Qu'il répète donc ce pluriel, et ce n'est plus moi l'assassin: un homme seul ne fait pas une foule. Au contraire, s'il parle d'un homme, d'un voyageur isolé, voilà le crime qui retombe clairement sur mes épaules.

JOCASTE

Mais non, c'est cela, sache-le, c'est cela qu'il a proclamé; il n'a plus le moyen de le démentir: c'est la ville entière, ce n'est pas moi seule qui l'ai entendu. Et, en tout cas, même si d'aventure il déviait de son ancien propos, il ne prouverait pas pour cela, seigneur, que son récit du meurtre est cette fois le vrai, puisque aussi bien ce Laïos devait, d'après Apollon, périr sous le bras de mon fils, et qu'en fait ce n'est pas ce malheureux fils qui a pu lui donner la mort, attendu qu'il est mort lui-même le premier. De sorte que désormais, en matière de prophéties, je ne tiendrai pas plus de compte de ceci que de cela.

ŒDIPE

Tu as raison ; mais, malgré tout, envoie quelqu'un qui nous ramène ce valet. N'y manque pas.

JOCASTE

J'envoie à l'instant même. Mais rentrons chez nous. Il n'est rien qui te plaise, que je ne sois, moi, prête à faire.

Ils rentrent ensemble dans le palais.

MODÉRÉ.

LE CHŒUR

Ah ! fasse le Destin que toujours je conserve la sainte Pureté[1] dans tous mes mots, dans tous mes actes. Les lois qui leur commandent
siègent dans les hauteurs : elles sont nées dans le céleste éther, et l'Olympe
est leur seul père ; aucun être mortel ne leur donna le jour ; jamais l'oubli ne les endormira : un dieu puissant est en elles, un dieu qui ne vieillit pas.
La démesure enfante le tyran. Lorsque la démesure s'est gavée follement, sans souci de l'heure ni de son intérêt,
et lorsqu'elle est montée au plus haut, sur le faîte, la voilà soudain qui s'abîme dans un précipice fatal,
où dès lors ses pieds brisés se refusent à la servir. Or, c'est la lutte glorieuse pour le salut de la cité qu'au contraire je demande à Dieu de ne voir jamais s'interrompre : Dieu est ma sauvegarde et le sera toujours[2].

---

1. Les premiers mots du Chœur traduisent son désarroi devant l'amas d'horreurs qu'il entrevoit et le scepticisme impie de ses souverains. Il invoque la Pureté, parce qu'il lui semble être soudain contaminé par ces souillures et cette impiété. Il voit venir chez Œdipe l'égarement avant-coureur de la catastrophe et il se réfugie dans une soumission pieuse aux dieux et aux lois éternelles de la morale.
2. Le Chœur s'interroge avec angoisse sur le cas d'Œdipe. Ne serait-il pas sur la voie de la démesure, qui serait aussi celle de sa perte ?... Mais, d'autre part, Œdipe a été un bon roi, il a sauvé Thèbes et il cherche à la sauver encore ; il a pratiqué « la noble lutte pour son pays ». Puissent donc les dieux le maintenir dans cette voie !

Celui en revanche qui va son chemin, étalant son orgueil dans ses gestes et ses mots, sans crainte de la Justice, sans respect des temples divins, celui-là, je le voue à un sort douloureux, qui châtie son orgueil funeste,

du jour qu'il se révèle apte à ne rechercher que profits criminels, sans même reculer devant le sacrilège, à porter follement les mains sur ce qui est inviolable.

Est-il en pareil cas personne qui puisse se flatter d'écarter de son âme les traits de la colère? Si ce sont de pareilles mœurs que l'on honore désormais, quel besoin ai-je vraiment de former ici des chœurs?

Non, je n'irai plus vénérer le centre auguste de la terre, je n'irai plus aux sanctuaires ni d'Abae ni d'Olympie, si tous les humains ne sont pas d'accord pour flétrir de telles pratiques.

Ah! Zeus souverain, puisque, si ton renom dit vrai, tu es maître de l'Univers, ne permets pas qu'elles échappent à tes regards, à ta puissance éternelle.

Ainsi donc on tient pour caducs et l'on prétend abolir les oracles rendus à l'antique Laïos! Apollon se voit privé ouvertement de tout honneur. Le respect des dieux s'en va.

Jocaste sort du palais avec des servantes portant des fleurs et des vases à parfum.

JOCASTE

Chefs de ce pays, l'idée m'est venue d'aller dans les temples des dieux leur porter de mes mains ces guirlandes, ces parfums. Œdipe laisse ses chagrins ébranler un peu trop son cœur. Il ne sait pas juger avec sang-froid du présent par le passé. Il appartient à qui lui parle, lorsqu'on lui parle de malheur. Puisque donc mes conseils n'obtiennent rien de lui, c'est vers toi que je me tourne, ô dieu lycien, Apollon, notre voisin. Je viens à toi en suppliante, porteuse de nos vœux. Fournis-nous un remède contre toute souillure. Nous nous inquiétons, à voir Œdipe en désarroi, alors qu'il tient dans ses mains la barre de notre vaisseau.

Un Vieillard arrive par la gauche.

Le Corinthien

Étrangers, pourrais-je savoir où donc est le palais d'Œdipe, votre roi ? Ou, mieux encore, si vous savez où lui-même se trouve, dites-le-moi.

Le Coryphée

Voici sa demeure, et tu l'y trouveras en personne, étranger. La femme que tu vois là est la mère de ses enfants.

Le Corinthien

Qu'elle soit heureuse à jamais au milieu d'enfants heureux, puisqu'elle est pour Œdipe une épouse accomplie !

Jocaste

Qu'il en soit de même pour toi, étranger : ta courtoisie vaut bien cela. Mais explique-moi ce pour quoi tu viens, ce dont tu dois nous informer.

Le Corinthien

C'est un bonheur, pour ta maison, ô femme, comme pour ton époux.

Jocaste

Que dis-tu ? Et d'abord de chez qui nous viens-tu ?

Le Corinthien

J'arrive de Corinthe. La nouvelle que je t'apporte va sans doute te ravir – le contraire serait impossible – mais peut-être aussi t'affliger.

Jocaste

Qu'est-ce donc ? et comment a-t-elle ce double pouvoir ?

LE CORINTHIEN

Les gens du pays, disait-on là-bas, institueraient Œdipe roi de l'Isthme.

JOCASTE

Quoi! et le vieux Polybe? n'est-il plus sur le trône?

LE CORINTHIEN

Non, la mort le tient au tombeau.

JOCASTE

Que dis-tu là? Polybe serait mort?

LE CORINTHIEN

Que je meure moi-même, si je ne dis pas vrai!

JOCASTE

Esclave, rentre vite porter la nouvelle au maître. Ah! oracles divins, où êtes-vous donc à cette heure? Ainsi voilà un homme qu'Œdipe fuyait depuis des années, dans la terreur qu'il avait de le tuer, et cet homme aujourd'hui meurt frappé par le sort, et non pas par Œdipe!

Œdipe sort du palais.

ŒDIPE

Ô très chère femme, Jocaste que j'aime, pourquoi m'as-tu fait chercher dans le palais?

JOCASTE

Écoute l'homme qui est là, et vois en l'écoutant ce que sont devenus ces oracles augustes d'un dieu.

ŒDIPE

Cet homme, qui est-il ? et qu'a-t-il à me dire ?

JOCASTE

Il vient de Corinthe et te fait savoir que Polybe n'est plus : la mort a frappé ton père.

ŒDIPE

Que dis-tu, étranger ? Explique-toi toi-même.

LE CORINTHIEN

S'il me faut tout d'abord te rendre un compte exact, sache bien qu'en effet Polybe a disparu.

ŒDIPE

Victime d'un complot ou d'une maladie ?

LE CORINTHIEN

Le moindre heurt suffit pour mettre un vieux par terre.

ŒDIPE

Le malheureux, si je t'en crois, serait donc mort de maladie ?

LE CORINTHIEN

Et des longues années aussi qu'il a vécues.

ŒDIPE

Ah ! femme, qui pourrait désormais recourir à Pythô, au foyer prophétique ? ou bien à ces oiseaux criaillant sur nos têtes ? D'après eux, je devais assassiner mon père : et voici mon père mort, enseveli dans le fond d'un tombeau, avant que ma main ait touché aucun fer !... à moins qu'il ne soit mort du regret de ne plus me voir ? Ce n'est qu'en ce sens qu'il serait mort par moi. – Le fait certain, c'est qu'à cette heure Polybe est dans les Enfers avec tout ce bagage d'oracles sans valeur.

JOCASTE

N'était-ce donc pas là ce que je te disais depuis bien longtemps?

ŒDIPE

Assurément, mais la peur m'égarait.

JOCASTE

Alors ne te mets plus rien en tête pour eux.

ŒDIPE

Et comment ne pas craindre la couche de ma mère?

JOCASTE

Et qu'aurait donc à craindre un mortel, jouet du destin, qui ne peut rien prévoir de sûr? Vivre au hasard, comme on le peut, c'est de beaucoup le mieux encore. Ne redoute pas l'hymen d'une mère: bien des mortels ont déjà dans leurs rêves partagé le lit maternel. Celui qui attache le moins d'importance à pareilles choses est aussi celui qui supporte le plus aisément la vie.

ŒDIPE

Tout cela serait fort bon, si ma mère n'était vivante. Mais tant qu'elle vit, tu auras beau parler, et bien parler, fatalement, moi, je dois craindre.

JOCASTE

C'est un immense allégement pourtant que de savoir ton père dans la tombe.

ŒDIPE

Immense, je le sens. Mais la vivante ne m'en fait pas moins peur.

Le Corinthien

Mais quelle est donc, dis-moi, la femme qui vous cause une telle épouvante?

Œdipe

C'est Mérope, vieillard, l'épouse de Polybe.

Le Corinthien

Et d'où provient la peur qu'elle t'inspire?

Œdipe

D'un oracle des dieux effroyable, étranger.

Le Corinthien

Peux-tu le dire? ou bien doit-il rester secret?

Œdipe

Nullement. Loxias m'a déclaré jadis que je devais entrer dans le lit de ma mère et verser de mes mains le sang de mon père. C'est pourquoi depuis longtemps je m'étais fixé bien loin de Corinthe – pour mon bonheur, sans doute, bien qu'il soit doux de voir les yeux de ses parents.

Le Corinthien

Et c'est cette crainte seule qui te tenait loin de ta ville?

Œdipe

Je ne voulais pas être parricide, vieillard.

Le Corinthien

Pourquoi ai-je donc tardé à t'en délivrer plus tôt, roi, puisque aussi bien j'arrive ici tout disposé à t'être utile?

ŒDIPE

Ma foi! tu en auras le prix que tu mérites.

LE CORINTHIEN

Ma foi! c'est justement pourquoi je suis venu, pour que ton retour au pays me procure quelque avantage.

ŒDIPE

Non, ne compte pas que jamais je rejoigne mes parents.

LE CORINTHIEN

Ah! comme on voit, mon fils, que tu ne sais pas quelle est ton erreur!

ŒDIPE

Que dis-tu, vieillard? Au nom des dieux, éclaire-moi.

LE CORINTHIEN

Si ce sont là tes raisons pour renoncer à ton retour...

ŒDIPE

J'ai bien trop peur que Phœbos ne se révèle véridique.

LE CORINTHIEN

Tu crains une souillure auprès de tes parents?

ŒDIPE

C'est bien là, vieillard, ce qui m'obsède.

LE CORINTHIEN

Alors tu ne sais pas que tu crains sans raison.

ŒDIPE

Comment est-ce possible, si je suis bien né d'eux ?

LE CORINTHIEN

Sache donc que Polybe ne t'est rien par le sang.

ŒDIPE

Quoi ! ce n'est pas Polybe qui m'aurait engendré ?

LE CORINTHIEN

Polybe ne t'a pas engendré plus que moi.

ŒDIPE

Quel rapport entre un père et toi qui ne m'es rien ?

LE CORINTHIEN

Pas plus lui que moi-même jamais ne fut ton père.

ŒDIPE

Et pourquoi donc alors me nommait-il son fils ?

LE CORINTHIEN

C'est qu'il t'avait reçu comme un don de mes mains.

ŒDIPE

Et pour l'enfant d'un autre il eut cette tendresse ?

LE CORINTHIEN

Les enfants lui avaient manqué un si long temps.

ŒDIPE

Tu m'avais acheté, ou rencontré, toi-même ?

LE CORINTHIEN
Oui, trouvé dans un val du Cithéron boisé.

ŒDIPE
Pourquoi voyageais-tu dans cette région ?

LE CORINTHIEN
Je gardais là des troupeaux transhumants.

ŒDIPE
Ah ! tu étais berger nomade, mercenaire…

LE CORINTHIEN
Mais qui sauva ta vie, mon fils, en ce temps-là !

ŒDIPE
Quel était donc mon mal, quand tu m'as recueilli en pareille détresse ?

LE CORINTHIEN
Tes pieds pourraient sans doute en témoigner encore.

ŒDIPE
Ah ! pourquoi rappeler mon ancienne misère ?

LE CORINTHIEN
C'est moi qui dégageai tes deux pieds transpercés.

ŒDIPE
Dieux ! quelle étrange honte autour de mon berceau !

LE CORINTHIEN
Tu lui as dû un nom tiré de l'aventure.

ŒDIPE

Mais cela, qui l'avait voulu? Mon père? ma mère? par les dieux, dis-le.

LE CORINTHIEN

Je ne sais; mais celui qui te mit en mes mains sait cela mieux que moi.

ŒDIPE

Ce n'est donc pas toi qui m'avais trouvé? Tu me tenais d'un autre?

LE CORINTHIEN

Oui, un autre berger t'avait remis à moi.

ŒDIPE

Qui est-ce? le peux-tu désigner clairement?

LE CORINTHIEN

Il était sans nul doute des gens de Laïos.

ŒDIPE

Du prince qui régnait sur ce pays jadis?

LE CORINTHIEN

Parfaitement, c'était un berger de ce roi.

ŒDIPE

Est-il vivant encore, que je puisse le voir?

LE CORINTHIEN

C'est vous, gens du pays, qui le sauriez le mieux.

ŒDIPE (*au Chœur*)

Parmi ceux qui sont là est-il quelqu'un qui sache quel est le berger dont parle cet homme, s'il habite aux champs, si on l'a vu ici? Parlez donc franchement: le moment est venu de découvrir enfin le mot de cette affaire.

LE CORYPHÉE

Je crois bien qu'il n'est autre que le berger fixé à la campagne que tu désirais voir. Mais Jocaste est là: personne ne pourrait nous renseigner mieux qu'elle.

ŒDIPE

Tu sais, femme: l'homme que tout à l'heure nous désirions voir et celui dont il parle…

JOCASTE

Et n'importe de qui il parle! N'en aie nul souci. De tout ce qu'on t'a dit, va, ne conserve même aucun souvenir. À quoi bon!

ŒDIPE

Impossible. J'ai déjà saisi trop d'indices pour renoncer désormais à éclaircir mon origine.

JOCASTE

Non, par les dieux! Si tu tiens à la vie, non, n'y songe plus. C'est assez que je souffre, moi.

ŒDIPE

Ne crains donc rien. Va, quand je me révélerais et fils et petit-fils d'esclaves, tu ne serais pas, toi, une vilaine pour cela.

JOCASTE

Arrête-toi pourtant, crois-moi, je t'en conjure.

ŒDIPE

Je ne te croirai pas, je veux savoir le vrai.

JOCASTE

Je sais ce que je dis. Va, mon avis est bon.

ŒDIPE

Eh bien ! tes bons avis m'exaspèrent à la fin.

JOCASTE

Ah ! puisses-tu jamais n'apprendre qui tu es !

ŒDIPE

N'ira-t-on pas enfin me chercher ce bouvier ? Laissons-la se vanter de son riche lignage.

JOCASTE

Malheureux ! malheureux ! oui, c'est là le seul nom dont je peux t'appeler. Tu n'en auras jamais un autre de ma bouche.

Elle rentre, éperdue, dans le palais.

LE CORYPHÉE

Pourquoi sort-elle ainsi, Œdipe ? On dirait qu'elle a sursauté sous une douleur atroce. Je crains qu'après un tel silence n'éclate quelque grand malheur.

ŒDIPE

Eh ! qu'éclatent donc tous les malheurs qui voudront ! Mais mon origine, si humble soit-elle, j'entends, moi, la saisir. Dans son orgueil de femme, elle rougit sans doute de mon obscurité : je me tiens, moi, pour fils de la Fortune, Fortune la Généreuse, et n'en éprouve point de honte. C'est Fortune qui fut ma mère, et les années qui ont accompagné ma vie m'ont fait tour à tour et petit et grand. Voilà mon origine, rien ne peut la changer : pourquoi renoncerais-je à savoir de qui je suis né ?

Le Chœur entoure Œdipe
et cherche à le distraire de son angoisse.

SOUTENU.

LE CHŒUR

Si je suis bon prophète, si mes lumières me révèlent le vrai, oui, par l'Olympe, je le jure, dès demain, à la pleine lune, tu t'entendras glorifier comme étant, ô Cithéron, le compatriote d'Œdipe,

son nourricier, son père ; et nos chœurs te célébreront pour les faveurs que tu fis à nos rois. Et puisses-tu aussi, Phœbos, toi qu'on invoque avec des cris aigus, avoir ces chants pour agréables !

Qui donc, enfant, qui donc t'a mis au monde ? Parmi les Nymphes aux longs jours, quelle est donc celle qui aima et qui rendit père Pan, le dieu qui court par les monts ? Ou bien serait-ce une amante de Loxias ? Il se plaît à hanter tous les plateaux sauvages.

Ou bien s'agirait-il du maître du Cyllène ? Ou du divin Bacchos, l'habitant des hauts sommets, qui t'aurait reçu comme fils des mains d'une des Nymphes avec qui si souvent il s'ébat sur l'Hélicon ?

Par la gauche entrent deux esclaves
conduisant un vieux berger.

ŒDIPE

Pour autant que je puisse ici le supposer, sans l'avoir rencontré encore, ce berger, vieillards, m'a l'air d'être celui que j'attends depuis un moment. Son grand âge s'accorde à celui de cet homme. D'ailleurs, dans ceux qui le conduisent, je reconnais des gens à moi. Mais ton savoir l'emporte sur le mien sans doute, puisque tu l'as vu toi-même jadis.

LE CORYPHÉE

Oui, sache-le bien, je le reconnais. Il était chez Laïos tenu pour un berger fidèle entre tous.

ŒDIPE

C'est à toi d'abord que je m'adresse, à toi, le Corinthien. Est-ce là l'homme dont tu parles ?

LE CORINTHIEN

C'est celui-là même ; tu l'as devant toi.

ŒDIPE

Çà, vieillard, à ton tour ! Approche et, les yeux dans mes yeux, réponds à mes demandes. Tu étais bien à Laïos ?

LE SERVITEUR

Oui, esclave non acheté, mais né au palais du roi.

ŒDIPE

Attaché à quelle besogne ? Menant quelle sorte de vie ?

LE SERVITEUR

Je faisais paître les troupeaux la plus grande partie du temps.

ŒDIPE

Et dans quelles régions séjournais-tu de préférence ?

LE SERVITEUR

Dans la région du Cithéron, ou dans les régions voisines.

ŒDIPE

Et là, te souviens-tu d'avoir connu cet homme ?

LE SERVITEUR

Mais qu'y faisait-il ? de qui parles-tu ?

ŒDIPE

De celui qui est là. L'as-tu pas rencontré ?

LE SERVITEUR

Pas assez pour que ma mémoire me laisse répondre si vite.

LE CORINTHIEN

Rien d'étonnant à cela, maître. Mais je vais maintenant, puisqu'il ne me reconnaît pas, réveiller, moi, ses souvenirs. Je suis bien sûr qu'il se souvient du temps où, sur le Cithéron, lui avec deux troupeaux, et moi avec un, nous avons tous les deux vécu côte à côte, à trois reprises, pendant six mois, du début du printemps au lever de l'Arcture. L'hiver venu, nous ramenions nos bêtes, moi dans ma bergerie, lui aux étables de son maître. Oui ou non, dis-je vrai ?

LE SERVITEUR

Vrai. Mais il s'agit là de choses bien anciennes.

LE CORINTHIEN

Et maintenant, dis-moi. En ce temps-là, te souviens-tu de m'avoir remis un enfant, afin que je l'élève comme s'il était mien ?

LE SERVITEUR

Que dis-tu ? Où veux-tu en venir ?

LE CORINTHIEN

Le voilà, mon ami, cet enfant d'autrefois !

LE SERVITEUR (*levant son bâton*)

Malheur à toi ! veux-tu te taire !

ŒDIPE

Eh là, vieux, pas de coups! Ce sont bien tes propos qui méritent des coups, beaucoup plus que les siens.

LE SERVITEUR

Mais quelle est donc ma faute, ô le meilleur des maîtres?

ŒDIPE

Tu ne nous as rien dit de l'enfant dont il parle.

LE SERVITEUR

Il parle sans savoir, il s'agite pour rien.

ŒDIPE

Si tu ne veux pas parler de bon gré, tu parleras de force et il t'en cuira.

LE SERVITEUR

Ah! je t'en supplie, par les dieux, ne maltraite pas un vieillard.

ŒDIPE

Vite, qu'on lui attache les mains dans le dos!

LE SERVITEUR

Hélas! pourquoi donc? que veux-tu savoir?

ŒDIPE

C'est toi qui lui remis l'enfant dont il nous parle?

LE SERVITEUR

C'est moi. J'aurais bien dû mourir le même jour.

ŒDIPE

Refuse de parler, et c'est ce qui t'attend.

LE SERVITEUR

Si je parle, ma mort est bien plus sûre encore.

ŒDIPE

Cet homme m'a tout l'air de chercher des délais.

LE SERVITEUR

Non, je l'ai dit déjà : c'est moi qui le remis.

ŒDIPE

De qui le tenais-tu ? De toi-même ou d'un autre ?

LE SERVITEUR

Il n'était pas à moi. Je le tenais d'un autre.

ŒDIPE

De qui ? de quel foyer de Thèbes sortait-il ?

LE SERVITEUR

Non, maître, au nom des dieux, n'en demande pas plus.

ŒDIPE

Tu es mort, si je dois répéter ma demande.

LE SERVITEUR

Il était né chez Laïos.

ŒDIPE

Esclave ?... Ou parent du roi ?

LE SERVITEUR

Hélas ! j'en suis au plus cruel à dire.

ŒDIPE

Et pour moi à entendre. Pourtant je l'entendrai.

LE SERVITEUR

Il passait pour son fils… Mais ta femme, au palais, peut bien mieux que personne te dire ce qui est.

ŒDIPE

C'est elle qui te l'avait remis ?

LE SERVITEUR

C'est elle, seigneur.

ŒDIPE

Dans quelle intention ?

LE SERVITEUR

Pour que je le tue.

ŒDIPE

Une mère !… La pauvre femme !

LE SERVITEUR

Elle avait peur d'un oracle des dieux.

ŒDIPE

Qu'annonçait-il ?

LE SERVITEUR

Qu'un jour, prétendait-on, il tuerait ses parents.

OEDIPE

Mais pourquoi l'avoir, toi, remis à ce vieillard ?

LE SERVITEUR

J'eus pitié de lui, maître. Je crus, moi, qu'il l'emporterait au pays d'où il arrivait. Il t'a sauvé la vie, mais pour les pires maux ! Si tu es vraiment celui dont il parle, sache que tu es né marqué par le malheur.

OEDIPE

Hélas ! hélas ! ainsi tout à la fin serait vrai ! Ah ! lumière du jour, que je te voie ici pour la dernière fois, puisque aujourd'hui, je me révèle le fils de qui je ne devais pas naître, l'époux de qui je ne devais pas l'être, le meurtrier de qui je ne devais pas tuer !

Il se rue dans le palais.

MODÉRÉ.

LE CHŒUR

Pauvres générations humaines, je ne vois en vous qu'un néant !

Quel est, quel est donc l'homme qui obtient plus de bonheur qu'il en faut pour paraître heureux, puis, cette apparence donnée, disparaître de l'horizon ?

Ayant ton sort pour exemple, ton sort à toi, ô malheureux Œdipe, je ne puis plus juger heureux qui que ce soit parmi les hommes.

Il avait visé au plus haut. Il s'était rendu maître d'une fortune et d'un bonheur complets.

Il avait détruit, ô Zeus, la devineresse aux serres aiguës. Il s'était dressé devant notre ville comme un rempart contre la mort.

Et c'est ainsi, Œdipe, que tu avais été proclamé notre roi, que tu avais reçu les honneurs les plus hauts, que tu régnais sur la puissante Thèbes.

PLUS VIF.

Et maintenant qui pourrait être dit plus malheureux que toi? Qui a subi désastres, misères plus atroces, dans un pareil revirement?

Ah! noble et cher Œdipe! Ainsi la chambre nuptiale a vu le fils après le père entrer au même port terrible!

Comment, comment le champ labouré par ton père a-t-il pu si long-temps, sans révolte, te supporter, ô malheureux?

Le temps, qui voit tout, malgré toi l'a découvert. Il condamne l'hymen, qui n'a rien d'un hymen, d'où naissaient à la fois et depuis tant de jours un père et des enfants.

Ah! fils de Laïos! que j'aurais donc voulu ne jamais, ne jamais te connaître! Je me désole, et des cris éperdus

s'échappent de ma bouche. Il faut dire la vérité: par toi jadis j'ai recouvré la vie, et par toi aujourd'hui je ferme à jamais les yeux!

Un esclave sort du palais.

Le Messager

Ô vous que ce pays a de tout temps entre tous honorés, qu'allez-vous donc ouïr et qu'allez-vous voir? Quel chant de deuil devrez-vous faire entendre si, fidèles à votre sang, vous vous intéressez encore à la maison des Labdacides? Ni l'Ister ni le Phase[1] ne seraient capables, je crois, de laver les souillures que cache ce palais, et dont il va bientôt révéler une part – souillures voulues, non involontaires; mais, parmi les malheurs, les plus affligeants ne sont-ils pas ceux justement qui sont nés d'un libre choix?

Le Coryphée

Ce que nous savions nous donnait déjà matière à gémir: qu'y viens-tu ajouter encore?

---

1. Aujourd'hui le Danube et le Rion. Hésiode, dans un même vers de la *Théogonie* (339), nomme ces deux fleuves situés, l'un à l'ouest, l'autre à l'est de la mer Noire. Ce rapprochement était familier aux anciens.

Un mot suffit, aussi court à dire qu'à entendre : notre noble Jocaste est morte.

La malheureuse ! Et qui causa sa mort ?

Elle-même. Mais le plus douloureux de tout cela t'échappe : le spectacle du moins t'en aura été épargné. Malgré tout, dans la mesure où le permettra ma mémoire, tu vas savoir ce qu'a souffert l'infortunée. À peine a-t-elle franchi le vestibule que, furieuse, elle court vers le lit nuptial, en s'arrachant à deux mains les cheveux. Elle entre et violemment ferme la porte derrière elle. Elle appelle alors Laïos, déjà mort depuis tant d'années ; elle évoque « les enfants que jadis il lui donna et par qui il périt lui-même, pour laisser la mère à son tour donner à ses propres fils une sinistre descendance ». Elle gémit sur la couche « où, misérable, elle enfanta un époux de son époux et des enfants de ses enfants » ! Comment elle périt ensuite, je l'ignore, car à ce moment Œdipe, hurlant, tombe au milieu de nous, nous empêchant d'assister à sa fin : nous ne pouvons plus regarder que lui. Il fait le tour de notre groupe ; il va, il vient, nous suppliant de lui fournir une arme, nous demandant où il pourra trouver « l'épouse qui n'est pas son épouse, mais qui fut un champ maternel à la fois pour lui et pour ses enfants ». Sur quoi un dieu sans doute dirige sa fureur, car ce n'est certes aucun de ceux qui l'entouraient avec moi. Subitement, il poussa un cri terrible et, comme mené par un guide, le voilà qui se précipite sur les deux vantaux de la porte, fait fléchir le verrou qui saute de la gâche, se rue enfin au milieu de la pièce… La femme est pendue ! Elle est là, devant nous, étranglée par le nœud qui se balance au toit… Le malheureux à ce spectacle pousse un gémissement affreux. Il détache la corde qui pend, et le pauvre corps tombe à terre… C'est un spectacle alors atroce à voir. Arrachant les agrafes d'or qui servaient à draper ses vêtements sur elle, il les lève en l'air et il se met à en frapper ses deux yeux dans leurs orbites. « Ainsi ne verront-ils plus, dit-il, ni le mal que j'ai subi, ni celui que j'ai causé ; ainsi les ténèbres leur défendront-elles de voir désormais ceux que je n'eusse pas dû voir, et de manquer de reconnaître ceux que, malgré tout, j'eusse voulu connaître ! » Et tout en clamant ces mots, sans répit, les bras levés, il se frappait les yeux, et leurs globes en sang coulaient sur sa barbe. Ce n'était pas un suintement de gouttes rouges, mais une noire averse de grêle et de sang, inondant son visage !... Le désastre a éclaté, non par sa seule faute, mais par le fait de tous deux à la fois : c'est le commun désastre de la femme et de l'homme. Leur bonheur d'autrefois était hier encore un bonheur au sens vrai du mot : aujourd'hui, au contraire, sanglots, désastre, mort et ignominie, toute tristesse ayant un nom se rencontre ici désormais ; pas une qui manque à l'appel !

LE CORYPHÉE

Et, à présent, le misérable jouit-il de quelque relâche à sa peine ?

LE MESSAGER

Il demande à grands cris « qu'on ouvre les portes et qu'on fasse voir à tous les Cadméens celui qui tua son père et qui fit de sa mère... » – ses mots sont trop ignobles, je ne puis les redire. Il parle « en homme qui s'apprête à s'exiler lui-même du pays, qui ne peut plus y demeurer, puisqu'il se trouve sous le coup de sa propre imprécation ». Pourtant, il a besoin d'un appui étranger, il a besoin d'un guide. Le coup qui l'a frappé est trop lourd à porter. Tu vas en juger par toi-même. On pousse justement le verrou de sa porte. Tu vas contempler un spectacle qui apitoierait même un ennemi.

Œdipe apparaît, la face sanglante,
cherchant sa route à tâtons.

MÉLODRAME.

LE CORYPHÉE

Ô disgrâce effroyable à voir pour des mortels – oui, la plus effroyable que j'aie jamais croisée sur mon chemin ! Quelle démence, infortuné, s'est donc abattue sur toi ? Quel Immortel a fait sur ta triste fortune un bond plus puissant qu'on n'en fit jamais ?

Ah ! malheureux ! non, je ne puis te regarder en face. Et cependant je voudrais tant t'interroger, te questionner, t'examiner… Mais tu m'inspires trop d'effroi !

ŒDIPE

Hélas ! hélas ! malheureux que je suis ! Où m'emportent mes pas, misérable ? Où s'envole ma voix, en s'égarant dans l'air ? Ah ! mon destin, où as-tu été te précipiter ?

LE CORYPHÉE

Dans un désastre, hélas ! effrayant à voir autant qu'à entendre.

AGITÉ.

ŒDIPE

Ah ! nuage de ténèbres ! nuage abominable, qui t'étends sur moi, immense, irrésistible, écrasant !

Ah ! comme je sens pénétrer en moi tout ensemble et l'aiguillon de mes blessures et le souvenir de mes maux !

LE CORYPHÉE

Nul assurément ne sera surpris qu'au milieu de telles épreuves tu aies double deuil, double douleur à porter.

ŒDIPE

Ah ! mon ami, tu restes donc encore, toi seul, à mes côtés ? Tu consens donc encore à soigner un aveugle ?

Ah ! ce n'est pas un leurre : du fond de mes ténèbres, très nettement, je reconnais ta voix.

LE CORYPHÉE

Oh ! qu'as-tu fait ? Comment as-tu donc pu détruire tes prunelles ? Quel dieu poussa ton bras ?

ŒDIPE

Apollon, mes amis ! oui, c'est Apollon qui m'inflige à cette heure ces atroces, ces atroces disgrâces qui sont mon lot, mon lot désormais. Mais aucune autre main n'a frappé que la mienne, malheureux !

Que pouvais-je encore voir dont la vue pour moi eût quelque douceur ?

LE CHŒUR

Las ! il n'est que trop vrai !

ŒDIPE

Oui, que pouvais-je voir qui me pût satisfaire ? Est-il un appel encore que je puisse entendre avec joie ?

Ah ! emmenez-moi loin de ces lieux bien vite ! emmenez, mes amis, l'exécrable fléau, le maudit entre les maudits, l'homme qui parmi les hommes est le plus abhorré des dieux !

LE CORYPHÉE

Ton âme te torture autant que ton malheur. Comme j'aurais voulu que tu n'eusses rien su !

ŒDIPE

Ah ! quel qu'il fût, maudit soit l'homme qui, sur l'herbe d'un pâturage, me prit par ma cruelle entrave, me sauva de la mort, me rendit à la vie ! Il ne fit rien là qui dût me servir.

Si j'étais mort à ce moment, ni pour moi ni pour les miens je ne fusse devenu l'affreux chagrin que je suis aujourd'hui.

LE CHŒUR

Moi aussi, c'eût été mon vœu.

ŒDIPE

Je n'eusse pas été l'assassin de mon père ni aux yeux de tous les mortels l'époux de celle à qui je dois le jour ;

tandis qu'à cette heure, je suis un sacrilège, fils de parents impies, qui a lui-même des enfants de la mère dont il est né ! S'il existe un malheur au-delà du malheur, c'est là, c'est là le lot d'Œdipe !

LE CORYPHÉE

Je ne sais vraiment comment justifier ta résolution. Mieux valait pour toi ne plus vivre que vivre aveugle à jamais.

ŒDIPE

Ah ! ne me dis pas que ce que j'ai fait n'était pas le mieux que je pusse faire ! Épargne-moi et leçons et conseils !... Et de quels yeux, descendu aux Enfers, eussé-je pu, si j'y voyais, regarder mon père et ma pauvre mère, alors que j'ai sur tous les deux commis des forfaits plus atroces que ceux pour lesquels on se pend ? Est-ce la vue de mes enfants qui aurait pu m'être agréable ? – des enfants nés comme ceux-ci sont nés ! Mes yeux, à moi, du moins ne les reverront pas, non plus que cette ville, ces murs, ces images sacrées de nos dieux, dont je me suis exclu moi-même, infortuné, moi, le plus glorieux des enfants de Thèbes, le jour où j'ai donné l'ordre formel à tous de repousser le sacrilège, celui que les dieux mêmes ont révélé impur, l'enfant de Laïos ! Et après avoir de la sorte dénoncé ma propre souillure, j'aurais pu les voir sans baisser les yeux ? Non, non ! Si même il m'était possible de barrer au flot des sons la route de mes oreilles, rien ne m'empêcherait alors de verrouiller mon pauvre corps, en le rendant aveugle et sourd tout à la fois. Il est si doux à l'âme de vivre hors de ses maux !... Ah ! Cithéron, pourquoi donc m'as-tu recueilli ? Que ne m'as-tu plutôt saisi et tué sur l'heure ! Je n'eusse pas ainsi dévoilé aux humains de qui j'étais sorti... Ô Polybe, ô Corinthe, et toi, palais antique, toi qu'on disait le palais de mon père, sous tous ces beaux dehors, quel chancre malfaisant vous nourrissiez en moi ! J'apparais aujourd'hui ce que je suis en fait : un criminel, issu de criminels... Ô double chemin ! val caché ! bois de chênes ! ô étroit carrefour où se joignent deux routes ! vous qui avez bu le sang de mon père versé par mes mains, avez-vous oublié les crimes que j'ai consommés sous vos yeux, et ceux que j'ai plus tard commis ici encore ? Hymen, hymen à qui je dois le jour, qui, après m'avoir enfanté, as une fois de plus fait lever la même semence et qui, de la sorte, as montré au monde des pères, frères, enfants, tous de même sang ! des épousées à la fois femmes et mères – les pires hontes des mortels... Non, non ! Il est des choses qu'il n'est pas moins honteux d'évoquer que de faire. Vite, au nom des dieux, vite, cachez-moi quelque part, loin d'ici ; tuez-moi, ou jetez-moi à la mer, en un lieu où vous ne me voyiez jamais plus... Venez, daignez toucher un malheureux. Ah ! croyez-moi, n'ayez pas peur : mes maux à moi, il n'est point d'autre mortel qui soit fait pour les porter.

LE CORYPHÉE

Mais, pour répondre à tes demandes, Créon arrive à propos. Il est désigné pour agir autant que pour te conseiller, puisqu'il reste seul à veiller à ta place sur notre pays.

Entre Créon.

ŒDIPE

Las ! que dois-je lui dire ? Quelle confiance puis-je donc normalement lui inspirer ? Ne me suis-je pas naguère montré en tout cruel à son endroit ?

CRÉON

Je ne viens point ici pour te railler, Œdipe ; moins encore pour te reprocher tes insultes de naguère. Mais vous autres, si vous n'avez plus de respect pour la race des humains, respectez tout au moins le feu qui nourrit ce monde ; rougissez d'exposer sans voile à ses rayons un être aussi souillé, que ne sauraient admettre ni la terre, ni l'eau sainte, ni la lumière du jour. Allez, renvoyez-le au plus vite chez lui. C'est aux parents seuls que la pitié laisse le soin de voir et d'écouter des parents en peine.

CENTER

ŒDIPE

Au nom des dieux, puisque tu m'as tiré de crainte, en venant, toi, ô le meilleur des hommes, vers le plus méchant des méchants, écoute-moi. Je veux te parler dans ton intérêt, et non dans le mien.

CRÉON

Et quelle est la requête pour laquelle tu me presses ainsi?

ŒDIPE

Jette-moi hors de ce pays, et au plus tôt, dans des lieux où personne ne m'adresse plus la parole.

CRÉON

Je l'eusse fait, sois-en bien sûr, si je n'avais voulu savoir d'abord du dieu où était mon devoir.

ŒDIPE

Mais le dieu a déjà publié sa sentence: pour l'assassin, pour l'impie que je suis, c'est la mort.

CRÉON

Ce sont bien ses paroles; mais, dans la détresse où nous sommes, mieux vaut pourtant nous assurer de ce qui est notre devoir.

ŒDIPE

Eh quoi! pour un malheureux vous iriez consulter encore?

CRÉON

C'est justement pour que toi-même tu en croies cette fois le dieu.

Je l'en crois; et, à mon tour, je t'adresse mes derniers vœux. À celle qui est là, au fond de ce palais, va, fais les funérailles que tu désireras: il est bien dans ton rôle de t'occuper des tiens. Mais pour moi, tant que je vivrai, que jamais cette ville, la ville de mes pères, ne me soit donnée pour séjour! Laisse-moi bien plutôt habiter les montagnes, ce Cithéron qu'on dit mon lot. Mon père et ma mère, de leur vivant même, l'avaient désigné pour être ma tombe: je mourrai donc ainsi par ceux-là qui voulaient ma mort. Et pourtant, je le sais, ni la maladie ni rien d'autre au monde ne peuvent me détruire: aurais-je été sauvé à l'heure où je mourais, si ce n'avait été pour quelque affreux malheur? N'importe: que mon destin, à moi, suive sa route! Mais j'ai mes enfants... De mes fils, Créon, ne prends pas souci. Ce sont des hommes: où qu'ils soient, ils ne manqueront pas de pain. Mais de mes pauvres et pitoyables filles, sans qui jamais on ne voyait dressée la table où je mangeais, et qui toujours avaient leur part de tous les plats que je goûtais, de celles-là je t'en supplie, prends soin!... Et surtout, laisse-moi les palper de mes mains, tout en pleurant sur nos misères. Ah! prince, noble et généreux prince, si mes mains les touchaient seulement, je croirais encore les avoir à moi, tout comme au temps où j'y voyais... Mais que dis-je? Ô dieux! n'entends-je pas ici mes deux filles qui pleurent? Créon, pris de pitié, m'aurait-il envoyé ce que j'ai de plus cher, mes deux enfants? Dis-je vrai?

*Antigone et Ismène sortent
du gynécée, conduites par une esclave.*

CRÉON

Vrai. C'est bien moi qui t'ai ménagé cette joie, dont je savais que la pensée depuis un moment t'obsédait.

ŒDIPE

Le bonheur soit donc avec toi! et, pour te payer de cette venue, puisse un dieu te sauvegarder, et mieux qu'il n'a fait moi-même! – Ô mes enfants, où donc êtes-vous? venez, venez vers ces mains fraternelles, qui ont fait ce que vous voyez de ces yeux tout pleins de lumière du père dont vous êtes nées! ce père, mes enfants qui, sans avoir rien vu, rien su, s'est révélé soudain comme vous ayant engendrées dans le sein où lui-même avait été formé!... Sur vous aussi, je pleure – puisque je ne suis plus en état de vous voir –, je pleure, quand je songe combien sera amère votre vie à venir et quel sort vous feront les gens. À quelles assemblées de votre cité, à quelles fêtes pourrez-vous bien aller, sans retourner chez vous en larmes, frustrées du spectacle attendu? Et, quand vous atteindrez l'heure du mariage, qui voudra, qui osera se charger de tous ces opprobres faits pour ruiner votre existence, comme ils ont fait pour mes propres parents? Est-il un crime qui y manque? Votre père a tué son père; il a fécondé le sein d'où lui-même était sorti; il vous a eues de celle même dont il était déjà issu: voilà les hontes qu'on vous reprochera! Qui, dès lors, vous épousera? Personne, ô mes enfants, et sans doute vous faudra-t-il vous consumer alors dans la stérilité et dans la solitude... Ô fils de Ménécée, puisque tu restes seul pour leur servir de père – nous, leur père et leur mère, sommes morts tous les deux –, ne laisse pas des filles de ton sang errer sans époux, mendiant leur pain. Ne fais point leur malheur égal à mon malheur. Prends pitié d'elles, en les voyant si jeunes, abandonnées de tous, si tu n'interviens pas. Donne-m'en ta parole, prince généreux, en me touchant la main... (*Créon lui donne la main.*) Ah! que de conseils, mes enfants, si vous étiez d'âge à comprendre, j'aurais encore à vous donner! Pour l'instant, croyez-moi, demandez seulement aux dieux, où que le sort vous permette de vivre, d'y trouver une vie meilleure que celle du père dont vous êtes nées.

CRÉON

Tu as assez pleuré, rentre dans la maison.

ŒDIPE

Je ne puis qu'obéir, même s'il m'en coûte.

CRÉON

Ce qu'on fait quand il faut est toujours bien fait.

ŒDIPE

Sais-tu mes conditions pour m'éloigner d'ici ?

CRÉON

Dis-les-moi, et je les saurai.

ŒDIPE

Veille à me faire mener hors du pays.

CRÉON

La réponse appartient au dieu.

ŒDIPE

Mais je fais horreur aux dieux désormais.

CRÉON

Eh bien ! alors tu l'obtiendras sans doute.

ŒDIPE

Dis-tu vrai ?

CRÉON

Je n'ai pas l'habitude de parler contre ma pensée.

ŒDIPE

Emmène-moi donc tout de suite.

CRÉON

Viens alors, et laisse tes filles.

ŒDIPE

Non, pas elles ! non, ne me les enlève pas !

CRÉON

Ne prétends donc pas triompher toujours : tes triomphes n'ont pas accompagné ta vie.

On ramène les fillettes dans le gynécée,
tandis qu'on fait rentrer Œdipe par la grande porte du palais.

LE CORYPHÉE

Regardez, habitants de Thèbes, ma patrie. Le voilà, cet Œdipe, cet expert en énigmes fameuses, qui était devenu le premier des humains. Personne dans sa ville ne pouvait contempler son destin sans envie. Aujourd'hui, dans quel flot d'effrayante misère est-il précipité ! C'est donc ce dernier jour qu'il faut, pour un mortel, toujours considérer. Gardons-nous d'appeler jamais un homme heureux, avant qu'il ait franchi le terme de sa vie sans avoir subi un chagrin.

Achevé d'imprimer en Italie par Grafica Veneta
en août 2014
Dépôt légal juillet 2013
EAN 9782290075852
OTP L21ELLN000556B002

—

Ce texte est composé en Lemonde journal et en Akkurat

—

Conception des principes de mise en page :
mecano, Laurent Batard

—

Composition : PCA

—

ÉDITIONS J'AI LU
87, quai Panhard-et-Levassor, 75013 Paris
Diffusion France et étranger : Flammarion

Librio

30